Francisco Catão

São Bento

História e novena

Citações bíblicas: *Bíblia Sagrada* – tradução da CNBB, 2ª ed., 2006.

Editora responsável: Celina Weschenfelder
Equipe editorial

6ª edição – 2011
12ª reimpressão – 2024

Nenhuma parte desta obra poderá ser reproduzida ou transmitida por qualquer forma e/ou quaisquer meios (eletrônico ou mecânico, incluindo fotocópia e gravação) ou arquivada em qualquer sistema ou banco de dados sem permissão escrita da Editora. Direitos reservados.

Cadastre-se e receba nossas informações
paulinas.com.br
Telemarketing e SAC: 0800-7010081

Paulinas
Rua Dona Inácia Uchoa, 62
04110-020 – São Paulo – SP (Brasil)
(11) 2125-3500
editora@paulinas.com.br
© Pia Sociedade Filhas de São Paulo – São Paulo, 2006

Introdução

Bento[1] de Núrcia (em italiano, Norcia), cidade situada a sudeste da Úmbria, ao norte de Roma, nasceu por volta de 480. Faleceu em Monte Cassino, ao sul de Roma, no dia 21 de março, provavelmente em 547. Sua vida, portanto, gira em torno de Roma.

O tempo em que viveu Bento foi de transição entre a Antiguidade e a Idade Média. Situa-se entre Santo Agostinho,

---

[1] O nome Bento, em latim *benedictus*, é uma contração do particípio passado do verbo *benedicere*, que significa abençoar. Bento, portanto, quer dizer abençoado. Em português, essa forma reduzida se fixou a partir do século XIII. Mais tarde, por via do italiano, surgiu também, entre nós, a forma longa, Benedito, como é chamado – quem sabe para distinguir de Bento – o santo siciliano de origem moura, considerado o padroeiro dos descendentes de africanos e muito venerado no Brasil. Um dos testemunhos da Antiguidade da forma reduzida é, por exemplo, o fato de que é forma adotada na designação dos papas que escolhem o nome de Benedictus, como no caso do Papa Bento XVI.

monge e bispo (†428), o grande Papa Leão Magno (†461), responsável pela fixação definitiva da doutrina sobre Cristo, e Gregório Magno (†604), que, além de monge, foi o papa que adotou oficialmente, para a Igreja latina, a Regra herdada de Bento, lançando os alicerces do que viria a ser a Idade Média.

Essa posição intermediária de Bento é significativa para a compreensão do seu carisma. Num momento de grandes transformações históricas da sociedade, de mudanças profundas na vida da Igreja latina e de inovações nem sempre equilibradas na vida religiosa, Bento opta decisivamente pela vida denominada cenobítica, ou seja, dos monges que vivem num mosteiro obedecendo a uma regra e governados por um abade. O exemplo e os ensinamentos de Bento suscitaram uma nova primavera na Igreja, que floresceu na Idade Média.

Para conhecer São Bento, dispomos da Regra[2] e da famosa narrativa do segundo livro dos diálogos, de Gregório Magno. Os diálogos foram compostos na perspectiva da época. Mostram Bento como um sinal de Deus, manifestado por seus muitos milagres.

Hoje nos interessamos mais por conhecer os fatos históricos da vida dos santos. No caso de Bento, porém, o mais importante é meditar sobre sua alma, seu espírito, que se reflete na Regra. Propomos, por isso, uma novena especial, com base na Regra, que é seu testamento, e em virtude da qual mereceu os títulos de Patriarca dos monges do Ocidente e, recentemente, de Patrono da Europa. A Regra de São Bento contém, em germe, o espírito que durante

---

[2] A Regra de São Bento, também denominada Regra dos Mosteiros, difundiu-se por toda a Europa na Idade Média e até hoje, seguida num grande número de mosteiros, é considerada um notável monumento de sabedoria espiritual e de equilíbrio na vida comunitária consagrada.

séculos prevaleceu no continente europeu e constitui um elemento importante para a compreensão da vida cristã na América Latina.

Amplamente inspirada, porém, em textos anteriores, a Regra beneditina se recomenda não tanto pela originalidade, como pela sabedoria e pelo equilíbrio, centrando a vocação cristã e monástica na busca de Deus e recomendando uma vida simples e humilde, no quadro habitual cotidiano em que vive cada época e cada povo.

Esta novena tem por objetivo levar-nos a orar a Deus não só pela intercessão de são Bento, mas pelo Espírito que o animou, de maneira a captar, quem sabe, o segredo de sua santidade, avaliando a importância de seu exemplo e de sua Regra para nos orientar na busca de Deus em nosso tempo, também de grandes transformações.

PRIMEIRO DIA
Ouvir Jesus

V.: Vinde, ó Deus, em meu auxílio.
R.: Socorrei-me sem demora.
Glória.

A Regra

"Ouve, filho, os preceitos do Mestre, inclina o ouvido do teu coração, recebe de boa vontade e cumpre fielmente a advertência de um pai bondoso, para que voltes pelo caminho às vezes difícil da obediência àquele de quem te afastaste pela indevida desobediência" (Prólogo).

Salmo

Sião, ouve e te alegra,
as comunidades de meu povo se regozijem.

Porque tu, Senhor,
és Altíssimo sobre toda a terra
(cf. Sl 97,8-9).

Palavra de Deus

Ouvir é a atitude fundamental do ser humano colocado diante de Deus, pois a fé nos vem pelo ouvido (cf. Rm 10,17) e está na raiz de toda a salvação e, por conseguinte, de toda a santidade: "O evangelho é força divina de salvação para todo aquele que crê [...]. Nele se manifesta a justiça de Deus, que nos santifica pela fé, segundo o que está escrito, 'o justo se salva pela fé'" (cf. Rm 1,16s).

Reflexão

Bento começa a Regra convidando-nos a ouvir, atitude que situa todo ser humano, com mais razão ainda, todo cristão e todo monge, no contexto da história da salvação: ouvir Jesus e trilhar com ele o caminho da obediência, em direção ao Pai, de quem a humanidade se afastou pela desobediência, como nos ensina a Sagrada Escritura.

Toda a história da salvação é história da fé, como a descreve a Carta aos Hebreus: "A fé é a consistência do que se espera e a prova do que não se vê. Por ela os antigos receberam a aprovação. Pela fé compreendemos que o mundo foi formado pela Palavra de Deus, o visível, a partir do invisível" (cf. Hb 11,1-3). Como todo cristão, o monge é chamado a viver do invisível, buscar a Deus e se alimentar de sua vontade.

Preces espontâneas da comunidade

Após partilharmos os pedidos, digamos todos juntos a oração que o Senhor nos ensinou, modelo de toda oração: Pai nosso, que estais nos céus...

Oração final

Ó Deus, que fizeste de São Bento mestre reconhecido nas muitas comunidades de todos os que te buscam na oração e no amor fraterno, concede que, ao te colocarmos sempre em primeiro lugar em nossa vida, obtenhamos as graças de que necessitamos e corramos de coração dilatado ao teu encontro, no caminho de teus mandamentos. Por Jesus Cristo, teu Filho, na comunhão do Espírito Santo. Amém.

Despedida

O Senhor nos abençoe, nos livre de todo o mal e nos conduza à vida eterna. Amém.

SEGUNDO DIA

Buscar verdadeiramente a Deus

V.: Vinde, ó Deus, em meu auxílio.
R.: Socorrei-me sem demora.
Glória.

A Regra

"Apresentando-se alguém para a vida monástica, não seja recebido com facilidade. É preciso provar-lhe o espírito, para saber se vem de Deus [...]. Procure-se perceber se realmente procura a Deus, tem gosto pela oração, é solícito na obediência e suporta as coisas difíceis" (capítulo 58).

Salmo

Tu queres, Senhor, sinceridade interior e no meu íntimo me ensinas a sabedoria. Cria em mim, Deus, um coração puro, renova-me por dentro com espírito firme. Devolve-me a alegria da salvação, sustenta-me com espírito generoso (cf. Sl 51,8.12.14)

Palavra de Deus

Ao ser reconhecido por Pedro como Messias, Jesus "começou a ensinar-lhes, na intimidade, que o Filho do Homem devia sofrer muito, ser rejeitado pelos anciãos, sumos sacerdotes e escribas, ser morto e, depois de três dias, levantar-se. Pedro, porém, discordava. Mas Jesus proclamou diante de todos: 'Se alguém quer seguir atrás de mim, negue-se a si mesmo, leve sua cruz e siga-me'" (cf. Mc 8,29-32.34).

Reflexão

Não deixa de ser curioso que o Patriarca dos monges pratique uma pastoral vocacional tão diferente da nossa: cria dificuldades para quem procura a vida religiosa e exige rigoroso discernimento em sua motivação profunda, espiritual. Trata-se de saber se realmente procura a Deus, busca a oração e a inteira submissão à vida monástica.

Como a vida cristã, a vida monástica não se baseia na opção pessoal de se consagrar à vida religiosa, à prática dos conselhos evangélicos ou à Igreja, mas é fruto das disposições divinas sobre cada um de nós, que se tornam mais claras e se vão consolidando dia após dia à medida que, ao negar a nós mesmos, procuramos verdadeiramente a Deus.

Preces espontâneas da comunidade

Finalizemos este momento de invocações dizendo todos juntos a oração que o Senhor nos ensinou, modelo de toda oração: Pai nosso, que estais nos céus...

Oração final

Ó Deus, que fizeste de São Bento mestre reconhecido nas muitas comunidades de todos os que te buscam na oração e no amor fraterno, concede que, ao te colocarmos sempre em primeiro lugar em nossa vida, obtenhamos as graças de que necessitamos e corramos de coração dilatado ao teu encontro, no caminho de teus mandamentos. Por Jesus Cristo, teu Filho, na comunhão do Espírito Santo. Amém.

Despedida

O Senhor nos abençoe, nos livre de todo mal e nos conduza à vida eterna. Amém.

TERCEIRO DIA
A oração

V.: Vinde, ó Deus, em meu auxílio.
R.: Socorrei-me sem demora.
Glória.

A Regra

"Cremos estar em toda parte a presença divina [...] principalmente, e sem dúvida alguma, quando estamos presentes ao Ofício Divino [...] salmodiai sabiamente [...] tal seja a nossa presença na salmodia, que nossa mente concorde com nossa voz" (c. 19).

"Deve-se empregar toda a humildade e pureza de devoção para suplicar ao Senhor Deus de todas as coisas [...]. Seremos ouvidos não com o muito falar, mas com a pureza do coração e a compunção das lágrimas. Por isso a oração deve ser breve e pura, a não ser que venha a se prolongar por um afeto de inspiração da graça divina" (c. 20).

Salmo

>Senhor, tu me sondas e me conheces.
>Tu me conheces quando me sento ou me levanto,
>de longe percebes meus pensamentos.
>Vê no meu íntimo, ó Deus, e conhece meu coração,
>põe à prova para conhecer meus sentimentos.
>Vê se minha conduta é ofensiva
>e guia-me pelo caminho eterno
>(cf. Sl 139,1.23).

Palavra de Deus

"Orai sem cessar" (cf. 1Ts 5,17). "Tu, porém, quando rezares, entra no teu quarto, fecha a porta e reza a teu Pai no segredo. E teu Pai, que vê no segredo, te retribuirá [...]. Não sejas como eles, pois o teu Pai sabe do que necessitas, antes que o peças" (cf. Mt 6,6.8).

Reflexão

Toda a vida cristã e monástica se alimenta na fonte interior e secreta da oração. O esplendor da liturgia e a vida fraterna são manifestações da intimidade do cristão com Deus, no segredo do Pai. É indispensável que se busque uma concordância cada vez maior entre nossa mente, o que dizemos na oração e o que se vive na relação com todos os humanos, a começar pelos que nos estão mais próximos.

Instituindo o primado da vida interior e da oração, Bento lançou as bases históricas da transformação do mundo bárbaro na civilização cristã. Nos dias de hoje, em que aspiramos a uma civilização de justiça e de amor, é também na oração que encontraremos as bases sólidas para alcançar o que todos desejamos para o mundo: a paz.

Preces espontâneas da comunidade

Terminadas as súplicas, digamos todos juntos a oração que o Senhor nos ensinou, modelo de toda oração: Pai nosso, que estais nos céus...

Oração final

Ó Deus, que fizeste de São Bento mestre reconhecido nas muitas comunidades de todos os que te buscam na oração e no amor fraterno, concede que, ao te colocarmos sempre em primeiro lugar em nossa vida, obtenhamos as graças de que necessitamos e corramos de coração dilatado ao teu encontro, no caminho de teus mandamentos. Por Jesus Cristo, teu Filho, na comunhão do Espírito Santo. Amém.

Despedida

O Senhor nos abençoe, nos livre de todo mal e nos conduza à vida eterna. Amém.

QUARTO DIA

A Eucaristia

V.: Vinde, ó Deus, em meu auxílio.
R.: Socorrei-me sem demora.
 Glória.

A Regra

"Nada se anteponha ao Ofício Divino" (c. 43). Nessa passagem a Regra fala da importância que a celebração das horas canônicas deve ter no emprego do tempo do monge. A tradição, porém, interpreta o texto como expressão da prioridade da celebração litúrgica, em particular da Eucaristia, na vida do mosteiro. A atividade mais nobre do monge é a ação litúrgica, que tem por centro a celebração cotidiana do memorial do Senhor.

Salmo

Vinde, exultemos no Senhor,
aclamemos a rocha que nos salva;
entremos em sua presença com ação de graças,
aclamando-o ao som de instrumentos
(cf. Sl 95,1-2).

Palavra de Deus

"Eram assíduos em escutar o ensinamento dos apóstolos na solidariedade, na fração do pão e nas orações. Os fiéis estavam todos unidos [...]. Diariamente e com presteza se reuniam no templo; em suas casas partiam o pão, compartilhavam a comida com alegria e simplicidade sincera. Louvavam a Deus e todo o mundo os estimava" (cf. At 2,42-44a.46-47).

Reflexão

Escutar o ensinamento dos apóstolos e viver na solidariedade expressa na participação da eucaristia e das orações é o foco da vida cristã, como o é também da vida monástica. A Regra beneditina acentua o essencial e deixa o restante para ser decidido segundo as particularidades de cada situação. Nem sempre, por isso, é bem compreendida, mas merece, sem dúvida, o elogio que lhe é feito desde a Antiguidade: ela se impõe pelo discernimento e pela sabedoria.

Preces espontâneas da comunidade

Ao término das orações, digamos todos juntos a oração que o Senhor nos ensinou, modelo de toda oração: Pai nosso, que estais nos céus...

Oração final

Ó Deus, que fizeste de São Bento mestre reconhecido nas muitas comunidades de todos os que te buscam na oração e no amor fraterno, concede que, ao te colocarmos sempre em primeiro lugar em nossa vida, obtenhamos as graças de que necessitamos e corramos de coração dilatado ao teu encontro, no caminho de teus mandamentos, por Jesus Cristo, teu Filho, na comunhão do Espírito Santo. Amém.

Despedida

O Senhor nos abençoe, nos livre de todo mal e nos conduza à vida eterna. Amém.

QUINTO DIA
A bondade de coração

V.: Vinde, ó Deus, em meu auxílio.
R.: Socorrei-me sem demora.
Glória.

A Regra

"Assim como há corações amargos, que se separam de Deus e se perdem, há corações cheios de bondade, que se afastam dos vícios e se voltam para Deus, para a vida eterna. É preciso cultivar a bondade do coração: respeitarmo-nos uns aos outros, suportar com paciência as deficiências recíprocas, procurar antes o que é útil para os outros e não para si. Praticar o amor fraterno com pureza do coração [...] e sobretudo nada antepor ao amor de Cristo, que nos conduz juntos à vida eterna" (c. 72).

Salmo

Vede como é bom e agradável
os irmãos conviverem unidos.
Como unguento precioso na cabeça,
que vai descendo pela barba de Aarão
até a franja de sua veste
Como o orvalho do Hermon,
sobre o monte Sião.
Porque aí o Senhor manda a bênção:
vida para sempre (cf. Sl 133,1-3).

Palavra de Deus

"O amor é paciente, é amável; o amor não é invejoso nem fanfarrão, não procura o próprio interesse, não se irrita, não guarda rancor, não se felicita com a injustiça, mas se alegra com a verdade. Tudo desculpa, tudo crê, tudo espera, tudo suporta. O amor jamais acabará [...]. Agora temos as três: fé, esperança e amor. Mas de todas elas a maior é o amor" (cf. 1Cor 13,4-8.13).

Reflexão

Desde as origens do cristianismo se insiste na importância da comunidade. A celebração eucarística, que nos reúne em torno da mesma mesa, só alcança toda a sua significação quando se prolonga numa vida de efetivo amor universal de uns pelos outros, que exclui do coração toda complacência com o mal e toda conivência com a injustiça. Só o amor pessoal de uns pelos outros, vivido no respeito, na amizade e no serviço recíproco pode transformar nossa vida, a sociedade em que vivemos e todo o mundo. Pelo cultivo da bondade do coração, São Bento induz os monges à mais ampla transformação da sociedade que se pode imaginar.

Preces espontâneas da comunidade

Após as solicitações, digamos todos juntos a oração que o Senhor nos ensinou, modelo de toda oração: Pai nosso, que estais nos céus...

Oração final

Ó Deus, que fizeste de São Bento mestre reconhecido nas muitas comunidades de todos os que te buscam na oração e no amor fraterno, concede que, ao te colocarmos sempre em primeiro lugar em nossa vida, obtenhamos as graças de que necessitamos e corramos de coração dilatado ao teu encontro, no caminho de teus mandamentos. Por Jesus Cristo, teu Filho, na comunhão do Espírito Santo. Amém.

Despedida

O Senhor nos abençoe, nos livre de todo mal e nos conduza à vida eterna. Amém.

SEXTO DIA
O trabalho

V.: Vinde, ó Deus, em meu auxílio.
R.: Socorrei-me sem demora.
Glória.

A Regra

"A ociosidade é inimiga da alma. Por isso, os irmãos devem em certas horas ocupar-se com o trabalho manual e em outras, com a leitura orante" (c. 48). São Bento tem uma concepção pragmática da vida. Não transmite doutrina, espiritualidade, um código de práticas religiosas ou de preceitos morais. Estabelece que os monges devem estar sempre ocupados "na cozinha, no celeiro, numa tarefa qualquer, na padaria, na horta ou exercendo determinados ofícios" (c. 46). O importante é que se faça tudo benfeito, "para que Deus possa ser louvado em tudo" (c. 57).

Salmo

Os céus proclamam a glória de Deus,
o firmamento apregoa a atividade de suas mãos.
Um dia passa a mensagem a outro dia,
uma noite a transmite à outra noite.
Sem falar, sem pronunciar,
sem que se ouça a sua voz,
o seu discurso atinge toda a terra,
a sua linguagem chega aos confins do mundo (cf. Sl 19,2-5).

Palavra de Deus

"Dirigindo-se à sua cidade [...]. (Jesus) pôs-se a ensinar na sinagoga. A multidão que o escutava comentava assombrada [...]. Esse não é o carpinteiro?" (cf. Mc 6,1-3). "Graças a Deus sou o que sou, e sua graça em mim não foi vã, já que trabalhei mais que todos" (cf. 1Cor 15,10). "Quem se nega a trabalhar não coma" (cf. 2Ts 3,10).

Reflexão

Uma das grandes heranças de são Bento é o trabalho. Durante séculos os monges foram os que transmitiram a cultura, praticando as artes e transcrevendo os manuscritos. Quando algum mosteiro cedia à ociosidade, por causa das riquezas que acumulava, logo surgiam outros que reivindicavam a volta ao trabalho. O monge segue Jesus, o carpinteiro, e Paulo, fabricante de tendas. Que Bento nos estimule a trabalhar com afinco no cumprimento de nossa vocação humana e cristã.

Preces espontâneas da comunidade

Depois de compartilharmos as súplicas, digamos todos juntos a oração que o Senhor nos ensinou, modelo de toda oração: Pai nosso, que estais nos céus...

Oração final

Ó Deus, que fizeste de São Bento mestre reconhecido nas muitas comunidades de todos os que te buscam na oração e no amor fraterno, concede que, ao te colocarmos sempre em primeiro lugar em nossa vida, obtenhamos as graças de que necessitamos e corramos de coração dilatado ao teu encontro, no caminho de teus mandamentos. Por Jesus Cristo, teu Filho, na comunhão do Espírito Santo. Amém.

Despedida

O Senhor nos abençoe, nos livre de todo mal e nos conduza à vida eterna. Amém.

SÉTIMO DIA

O acolhimento do outro

V.: Vinde, ó Deus, em meu auxílio.
R.: Socorrei-me sem demora.
Glória.

A Regra

O acolhimento do outro é para São Bento uma das mais importantes práticas cristãs e monásticas. "Todos os hóspedes que chegarem ao mosteiro, diz, sejam recebidos como o Cristo, pois ele próprio irá dizer: 'Fui hóspede e me recebestes' [...]. Mostre-se principalmente um cuidado solícito na recepção dos pobres e peregrinos, porque sobretudo na pessoa desses, Cristo é recebido" (c. 53).

Salmo

Em ti, Senhor, eu me refugio:
que eu não fracasse para sempre.
Por tua justiça livra-me e põe-me a salvo,
dá-me ouvidos e salva-me.
Sê minha rocha hospitaleira, sempre acessível.
Tu és meu rochedo e minha fortaleza.
Ainda que meu pai e minha mãe me abandonem,
o Senhor me acolherá
(cf. Sl 71,1-3; 27,4).

Palavra de Deus

"Quando vier o Filho do Homem com majestade [...] separará uns à sua direita [...] e outros à sua esquerda [...]. Dirá então aos da direita: 'Vinde, benditos de meu Pai, para herdar o reino preparado para vós desde a criação do mundo. Porque tive fome, e me destes de comer; tive sede, e me destes de beber; era estrangeiro, e me acolhestes; estava nu, e me vestistes, doente, e visitastes-me; na prisão, e fostes até mim" (cf. Mt 25,31-36).

Reflexão

A vida monástica, como a cristã, é feita de fé, amor, oração, trabalho e esperança. Lidamos uns com os outros, mas somos instados a dar especial atenção aos necessitados, pois nosso encontro com os outros antecipa realmente, realiza desde agora o encontro com Jesus. Precisamos acolher os outros, especialmente os pequeninos, porque Deus nos acolheu como somos. É o sentido do salmo. Esta é a mística de Bento, sobre a qual se constrói a civilização do amor, para a qual somos todos chamados a trabalhar.

Preces espontâneas da comunidade

Em seguida, digamos todos juntos a oração que o Senhor nos ensinou, modelo de toda oração: Pai nosso, que estais nos céus...

Oração final

Ó Deus, que fizeste de São Bento mestre reconhecido nas muitas comunidades de todos os que te buscam na oração e no amor fraterno, concede que, ao te colocarmos sempre em primeiro lugar em nossa vida, obtenhamos as graças de que necessitamos e corramos de coração dilatado ao teu encontro, no caminho de teus mandamentos, por Jesus Cristo, teu Filho, na comunhão do Espírito Santo. Amém.

Despedida

O Senhor nos abençoe, nos livre de todo mal e nos conduza à vida eterna. Amém.

OITAVO DIA
A transformação da vida

V.: Vinde, ó Deus, em meu auxílio.
R.: Socorrei-me sem demora.
Glória.

A Regra

"Tendo subido os doze degraus da humildade, o monge alcança aquele perfeito amor de Deus, que prevalece sobre o temor. Tudo que antes observava com certa dificuldade, realiza agora como que naturalmente, não por obrigação imposta, mas pelo amor de Cristo e na alegria do bem praticado. Eis o que, no seu operário já purificado dos vícios, o Senhor se digna manifestar no Espírito Santo" (c. 7).

Salmo

Tu és meu refúgio e meu escudo:
espero em tua palavra.
Acolhe-me de acordo com a tua
promessa e viverei;
não deixes frustrar-se minha esperança.
Dá-me apoio e estarei salvo,
e me fixarei continuamente na tua
justiça (cf. Sl 119,114.116-117).

Palavra de Deus

"Quem confessar que Jesus é o Filho de Deus, Deus permanece com ele e ele com Deus. Conhecemos e cremos no amor que Deus tem por nós. Deus é amor; quem conserva o amor permanece em Deus e Deus com ele [...]. No amor não há lugar para temor, pois o amor prevalece sobre o temor [...]. Amamos porque ele nos amou primeiro. Se alguém diz que ama a Deus, mas odeia o próprio irmão, mente. Se não ama seu irmão que vê, como pode amar a Deus, que não vê? O mandamento que nos foi dado é que quem ama a Deus ame também o próprio irmão" (cf. 1Jo 4,15-21).

Reflexão

A fé corrobora o desejo de Deus, inscrito no mais íntimo do coração humano. A oração, a vida fraterna e o trabalho trazem a alegria do dever cumprido, mas não a felicidade perfeita. O ser humano sabe, no fundo do coração, que só será plenamente o que é chamado a ser quando sua vida se transformar radicalmente. A grande promessa de Jesus é a de nos transformar pelo Amor, comunicando-nos o seu Espírito, para vivermos, desde agora e para sempre, a vida da Trindade.

Preces espontâneas da comunidade

Concluídos os pedidos, digamos todos juntos a oração que o Senhor nos ensinou, modelo de toda oração: Pai nosso, que estais nos céus...

Oração final

Ó Deus, que fizeste de São Bento mestre reconhecido nas muitas comunidades de todos os que te buscam na oração e no amor fraterno, concede que, ao te colocarmos sempre em primeiro lugar em nossa vida, obtenhamos as graças de que necessitamos e corramos de coração dilatado ao teu encontro, no caminho de teus mandamentos. Por Jesus Cristo, teu Filho, na comunhão do Espírito Santo. Amém.

Despedida

O Senhor nos abençoe, nos livre de todo mal e nos conduza à vida eterna. Amém.

NONO DIA

Enraizado na tradição

V.: Vinde, ó Deus, em meu auxílio.
R.: Socorrei-me sem demora.
Glória.

A Regra

"Ao finalizarmos esta Regra — escreve são Bento em grandes linhas — quisemos mostrar o sentido do que se vive nos mosteiros e a direção em que se deve caminhar como cristãos. Aqueles, porém, que desejam ir a fundo no caminho que leva ao céu, devem seguir, com o auxílio de Cristo, as indicações que demos e só assim alcançarão, com a proteção divina, os mais altos cumes a que todos somos chamados" (c. 73).

Salmo

Feliz o homem,
cujo prazer está no ensino do Senhor
e medita dia e noite sua lei.
Será como uma árvore
plantada junto aos canais de água,
que dá seu fruto a seu tempo;
cuja folhagem não murcha
e tudo que faz terá êxito (cf. Sl 1,1-3).

Palavra de Deus

"Quem escuta minhas palavras e as põe em prática parece-se com um homem prudente que construiu a casa sobre a rocha. Caiu a chuva, cresceram os rios, sopraram os ventos e se abateram sobre a casa, mas não a derrubaram, porque estava alicerçada na rocha. Quem [...] não as põe em prática parece-se com um homem sem juízo, que construiu a casa sobre areia. Caiu a chuva [...] e foi um desmoronamento terrível" (cf. Mt 7,24-27). "'Entendestes tudo isso?'

Responderam que sim. E ele lhes disse: 'Pois bem, um letrado experiente no reinado de Deus parece-se com um dono de casa que tira de sua despensa coisas novas e velhas'" (cf. Mt 13,51-52).

Reflexão

São Bento não teve a intenção de fundar alguma coisa de novo. Como o dono de casa do Evangelho, tira de seu tesouro coisas novas e velhas. Seu intuito é nos colocar, cristãos de hoje, em contato com a tradição espiritual mais antiga, como uma árvore plantada por Jesus junto aos canais de irrigação do Espírito. A novidade do Evangelho florescerá então em nossas vidas, fundadas na rocha e capaz de, no Espírito, resistir a todos os assaltos das tempestades, dos ventos e das marés.

Preces espontâneas da comunidade

Após as intenções apresentadas, digamos todos juntos a oração que o Senhor nos ensinou, modelo de toda oração: Pai nosso, que estais nos céus...

Oração final

Ó Deus, que fizeste de São Bento mestre reconhecido nas muitas comunidades de todos os que te buscam na oração e no amor fraterno, concede que, ao te colocarmos sempre em primeiro lugar em nossa vida, obtenhamos as graças de que necessitamos e corramos de coração dilatado ao teu encontro, no caminho de teus mandamentos. Por Jesus Cristo, teu Filho, na comunhão do Espírito Santo. Amém.

Despedida

O Senhor nos abençoe, nos livre de todo mal e nos conduza à vida eterna. Amém.

NOSSAS DEVOÇÕES
(Origem das novenas)

De onde vem a prática católica das novenas? Entre outras, podemos dar duas respostas: uma histórica, outra alegórica.

Historicamente, na Bíblia, no início do livro dos Atos dos Apóstolos, lê-se que, passados quarenta dias de sua morte na Cruz e de sua ressurreição, Jesus subiu aos céus, prometendo aos discípulos que enviaria o Espírito Santo, que lhes foi comunicado no dia de Pentecostes.

Entre a ascensão de Jesus ao céu e a descida do Espírito Santo, passaram-se nove dias. A comunidade cristã ficou reunida em torno de Maria, de algumas mulheres e dos apóstolos. Foi a primeira novena cristã. Hoje, ainda a repetimos todos os anos, orando, de modo especial, pela unidade dos cristãos. É o padrão de todas as outras novenas.

A novena é uma série de nove dias seguidos em que louvamos a Deus por suas maravilhas, em particular, pelos santos, por cuja intercessão nos são distribuídos tantos dons.

Alegoricamente, a novena é antes de tudo um ato de louvor ao Pai, ao Filho e ao Espírito Santo, Deus três vezes Santo. Três é número perfeito. Três vezes três, nove. A novena é louvor perfeito à Trindade. A prática de nove dias de oração, louvor e súplica confirma de maneira extraordinária nossa fé em Deus que nos salva, por intermédio de Jesus, de Maria e dos santos.

O Concílio Vaticano II afirma: "Assim como a comunhão cristã entre os que caminham na terra nos aproxima mais de Cristo, também o convívio com os santos nos une a Cristo, fonte e cabeça de que provêm todas as graças e a própria vida do povo de Deus" (*Lumen Gentium*, 50).

Nossas Devoções procura alimentar o convívio com Jesus, Maria e os santos, para nos tornarmos cada dia mais próximos de Cristo, que nos enriquece com os dons do Espírito e com todas as graças de que necessitamos.

Francisco Catão

Coleção Nossas Devoções

- *A Senhora da Piedade. Setenário das dores de Maria* – Aparecida Matilde Alves
- *Albertina Berkenbrock. Novena e biografia* – Sérgio Jeremias de Souza
- *Divino Espírito Santo. Novena para a contemplação de dons e frutos* – Mons. Natalício José Weschenfelder e Valdecir Bressani
- *Dulce dos Pobres. Novena e biografia* – Marina Mendonça
- *Frei Galvão. Novena e história* – Pe. Paulo Saraiva
- *Imaculada Conceição. Novena ecumênica* – Francisco Catão
- *Jesus, Senhor da vida. Dezoito orações de cura* – Francisco Catão
- *João Paulo II. Novena, história e orações* – Aparecida Matilde Alves
- *João XXIII. Biografia e novena* – Marina Mendonça
- *Maria, Mãe de Jesus e Mãe da humanidade. Novena e coroação de Nossa Senhora* – Aparecida Matilde Alves
- *Menino Jesus de Praga. História e novena* – Giovanni Marques
- *Nhá Chica. Novena, história e orações* – Aparecida Matilde Alves
- *Nossa Senhora Achiropita. Novena e biografia* – Antonio S. Bogaz e Rodinei Thomazella
- *Nossa Senhora Aparecida. História e novena* – Maria Belém
- *Nossa Senhora da Cabeça. História e novena* – Mario Basacchi
- *Nossa Senhora da Luz. Novena e história* – Maria Belém
- *Nossa Senhora da Penha. Novena e história* – Maria Belém
- *Nossa Senhora da Salete. História e novena* – Aparecida Matilde Alves
- *Nossa Senhora das Graças ou Medalha Milagrosa. Novena e origem da devoção* – Mario Basacchi
- *Nossa Senhora de Caravaggio. História e novena* – Pe. Volmir Comparin e Pe. Leomar Antônio Brustolin
- *Nossa Senhora de Fátima. Novena e história das aparições aos três pastorzinhos* – Mons. Natalício José Weschenfelder
- *Nossa Senhora de Guadalupe. Novena e história das aparições a São Juan Diego* – Maria Belém
- *Nossa Senhora de Lourdes. História e novena* – Mons. Natalício José Weschenfelder
- *Nossa Senhora de Nazaré. Novena e história* – Maria Belém

- *Nossa Senhora Desatadora dos Nós. História e novena* – Frei Zeca
- *Nossa Senhora do Bom Parto. Novena e reflexões bíblicas* – Mario Basacchi
- *Nossa Senhora do Carmo. Novena e história* – Maria Belém
- *Nossa Senhora do Desterro. História e novena* – Celina H. Weschenfelder
- *Nossa Senhora do Perpétuo Socorro. História e novena* – Mario Basacchi
- *Nossa Senhora Rainha da Paz. História e novena* – Celina Helena Weschenfelder
- *Novena à Divina Misericórdia. Santa Maria Faustina Kowaslka, história e orações* – Tarcila Tommasi
- *Novena do Bom Jesus* – Francisco Catão
- *Ofício da Imaculada Conceição. Orações, hinos e reflexões* – Cristóvão Dworak
- *Orações do cristão. Preces diárias* – Celina H. Weschenfelder (org.)
- *Padre Pio. Novena e história* – Maria Belém
- *Paulo, homem de Deus. Novena de São Paulo, Apóstolo* – Francisco Catão
- *Reunidos pela força do Espírito Santo. Novena de Pentecostes* – Tarcila Tommasi
- *Rosário por uma transformação espiritual e psicológica* – Gustavo E. Jamut
- *Rosário dos enfermos* – Aparecida Matilde Alves, fsp
- *Sagrada face. História, novena e devocionário* – Giovanni Marques
- *Sagrada Família. Novena* – Pe. Paulo Saraiva
- *Sant'Ana. Novena e história* – Maria Belém
- *Santa Cecília. Novena e história* – Frei Zeca
- *Santa Edwiges. Novena e biografia* – J. Alves
- *Santa Filomena. História e novena* – Mario Basacchi
- *Santa Joana d'Arc. Novena e biografia* – Francisco de Castro
- *Santa Luzia. Novena e biografia* – J. Alves
- *Santa Paulina. Novena e biografia* – J. Alves
- *Santa Rita de Cássia. Novena e biografia* – J. Alves

- *Santa Teresinha do Menino Jesus. Novena e biografia* – Mario Basacchi
- *Santo Afonso de Ligório. Novena e biografia* – Mario Basacchi
- *Santo Antônio. Novena, trezena e responsório* – Mario Basacchi
- *Santo Expedito. Novena e dados biográficos* – Francisco Catão
- *São Benedito. Novena e biografia* – J. Alves
- *São Bento. História e novena* – Francisco Catão
- *São Cosme e São Damião. Biografia e novena* – Mario Basacchi
- *São Cristóvão. História e novena* – Pe. Mário José Neto
- *São Francisco de Assis. Novena e biografia* – Mario Basacchi
- *São Geraldo Majela. Novena e biografia* – J. Alves
- *São Guido Maria Conforti. Novena e biografia* – Gabriel Guarnieri
- *São José. História e novena* – Aparecida Matilde Alves
- *São Judas Tadeu. História e novena* – Maria Belém
- *São Marcelino Champagnat. Novena e biografia* – Ir. Egídio Luiz Setti
- *São Miguel Arcanjo. Novena* – Francisco Catão
- *São Pedro, Apóstolo. Novena e biografia* – Maria Belém
- *São Sebastião. Novena e biografia* – Mario Basacchi
- *São Tarcísio. Novena e biografia* – Frei Zeca
- *São Vito, mártir. História e novena* – Mario Basacchi
- *Tiago Alberione. Novena e biografia* – Maria Belém